Oscar Wilde

L'âme humaine
sous le régime socialiste

UltraLetters Publishing

Titre: L'âme humaine sous le régime socialiste

Auteur: Oscar Wilde

Traduction: Albert Savine

Première publication: 1891

ISBN: 978-2-930718-22-4

L'âme humaine sous le régime socialiste[1]

Le principal avantage qui résulterait de rétablissement du socialisme serait, à n'en pas douter, que nous serions délivrés par lui de cette sordide nécessité de vivre pour d'autres, qui dans l'état actuel des choses, pèse d'un poids si lourd sur tous presque sans exception. En fait, on ne voit pas qui peut s'y soustraire.

Çà et là, dans le cours du siècle, un grand homme de science, tel que Darwin; un grand poète, comme Keats; un subtil critique comme Renan; un artiste accompli, comme Flaubert, ont su s'isoler, se placer en dehors de la zone où le reste des hommes fait entendre ses clameurs, se tenir à l'abri du mur, que décrit Platon[2] réaliser ainsi la perfection de ce qui était en chacun, avec un avantage incalculable pour eux, à l'avantage infini et éternel du monde entier.

Néanmoins, ce furent des exceptions.

La majorité des hommes gâchent leur existence par un altruisme malsain, exagéré, et en somme, ils le font par nécessité. Ils se voient au milieu d'une hideuse pauvreté, d'une hideuse laideur, d'une hideuse misère. Ils sont fortement impressionnés par tout cela, c'est inévitable.

L'homme est plus profondément agité par ses émotions que par son intelligence, et comme je l'ai montré en détail dans un article que j'ai jadis publié sur *la Critique et l'Art*[3], il est bien plus facile de sympathiser avec ce qui souffre, que de sympathiser avec ce qui pense. Par suite, avec des intentions admirables, mais mal dirigées,

---

[1] Cette étude a été insérée dans la *Fortnightly Review* en février 1891, réimprimée en 1891 à New-York et en Angleterre en 1895 en une édition non mise dans le commerce, et quatre fois rééditée depuis la mort d'Oscar Wilde. Il en existe une traduction allemande récente.

[2] Allusion à l'allégorie de la caverne dans *La République*, livre VII.

[3] *La Critique et l'art*. Cette étude fait partie du volume Intentions, si bien traduit par M. J.-J. Renaud, (Stock, éditeur), p. 98. Elle avait paru pour la première fois dans la *Nineteenth Century* en juillet. 1890 et en volume l'année suivante.

on se met très sérieusement, très sentimentalement à la besogne de remédier aux maux dont on est témoin. Mais vos remèdes ne sauraient guérir la maladie, ils ne peuvent que la prolonger, on peut même dire que vos remèdes font partie intégrante de la maladie.

Par exemple, on prétend résoudre le problème de la pauvreté, en donnant aux pauvres de quoi vivre, ou bien, d'après une école très avancée, en amusant les pauvres.

Mais par là, on ne résout point la difficulté; on l'aggrave, *le but véritable consiste à s'efforcer de reconstruire la société sur une base telle que la pauvreté soit impossible*. Et les vertus altruistes ont vraiment empêché la réalisation de ce plan.

Tout de même que les pires possesseurs d'esclaves étaient ceux qui témoignaient le plus de bonté à leurs esclaves, et empêchaient ainsi d'une part les victimes du système d'en sentir toute l'horreur, et de l'autre les simples spectateurs de la comprendre, ainsi, dans l'état actuel des choses en Angleterre, les gens qui font le plus de mal, sont ceux qui s'évertuent à faire le plus de bien possible. C'est au point qu'à la fin nous avons été témoins de ce spectacle: des hommes qui ont étudié sérieusement le problème, et qui connaissent la vie, des hommes instruits, et qui habitent East-End, en arrivent à supplier le public de mettre un frein à ses impulsions altruistes de charité, de bonté, etc. Et ils le font par ce motif que la Charité dégrade et démoralise. Ils ont parfaitement raison.

La Charité est créatrice d'une multitude de péchés.

Il reste encore à dire ceci: c'est chose immorale que d'employer la propriété privée à soulager les maux affreux que cause la privation de propriété privée; c'est à la fois immoral et déloyal.

Sous le régime socialiste, il est évident que tout cela changera.

Il n'y aura plus de gens qui habiteront des tanières puantes, seront vêtus de haillons fétides, plus de gens pour procréer des enfants malsains, et émaciés par la faim, au milieu de circonstances impossibles et dans un entourage absolument repoussant.

La sécurité de la société ne sera plus subordonnée, comme elle l'est aujourd'hui, au temps qu'il fait. S'il survient de la gelée, nous n'aurons plus une centaine de mille hommes forcés de chômer, vaguant par les rues dans un état de misère répugnante, geignant auprès des voisins pour en tirer des aumônes ou s'entassant à la porte d'abris dégoûtants pour tâcher d'y trouver une croûte de pain et un logement malpropre pour une nuit. Chacun des membres de la société aura sa part de la prospérité générale et du bonheur social, et s'il survient de la gelée, personne n'en éprouvera d'inconvénient réel.

Et d'autre part, *le socialisme en lui-même aura pour grand avantage de conduire à l'individualisme.*

Le socialisme, le communisme, — appelez comme vous voudrez le fait de convertir toute propriété privée en propriété publique, de substituer la coopération à la concurrence, — rétablira la société dans son état naturel d'organisme absolument sain, il assurera le bien-être matériel de chaque membre de la société. En fait, il donnera à la vie sa vraie base, le milieu qui lui convient. Mais pour que la vie atteigne son mode le plus élevé de perfection, il faut quelque chose de plus.

Ce qu'il faut, c'est l'individualisme. Si le socialisme est autoritaire, s'il existe des gouvernements armés du pouvoir économique, comme il y en a aujourd'hui qui sont armés du pouvoir politique, en un mot, si nous devons avoir des tyrannies industrielles, alors ce nouvel état de choses sera pire pour l'homme que le premier.

Actuellement, grâce à l'existence de la propriété privée, beaucoup d'hommes sont en état de produire une somme extrêmement restreinte d'individualisme.

Les uns sont soustraits à la nécessité de travailler pour vivre, les autres sont libres de choisir la sphère d'activité où ils se sentent réellement dans leur élément, où ils trouvent leur plaisir: tels sont les poètes, les philosophes, les hommes de science, les hommes cultivés, en un mot les hommes qui sont parvenus à se définir, ceux en qui toute l'humanité réussit à se réaliser partiellement.

D'autre part, il existe bon nombre d'hommes qui, dépourvus de toute propriété personnelle, toujours sur le point de tomber dans l'abîme de la faim, sont contraints à faire des besognes bonnes pour les bêtes de somme, à faire des besognes absolument désagréables pour eux, et la tyrannie de la nécessité, qui donne des ordres, qui ne raisonne pas, les y force. Tels sont les pauvres, et on ne trouve chez eux nulle grâce dans les manières, nul charme dans le langage, rien qui rappelle la civilisation, la culture, la délicatesse dans le plaisir, la joie de vivre.

Leur force collective est d'un grand profit pour l'humanité. Mais ce qu'elle y gagne se réduit au résultat matériel.

Quant à l'individu, s'il est pauvre, il n'a pas la moindre importance. Il fait partie, atome infinitésimal, d'une force qui, bien loin de l'apercevoir, l'écrase, et d'ailleurs préfère le voir écrasé, car cela le rend bien plus obéissant.

Naturellement, on peut dire que l'individualisme tel que le produit un milieu où existe la propriété privée, n'est pas toujours, que même, en règle générale, il est rarement d'une qualité bien fine, d'un type bien merveilleux, et qu'à défaut de culture et de charme, les pauvres ont encore bien des vertus.

Ces deux assertions seraient tout à fait vraies.

La possession de la propriété privée est souvent des plus démoralisantes, et il est tout naturel que le socialisme voie là une des raisons de se délivrer de cette institution. En fait, la propriété est un vrai fléau.

Il y a quelque temps des hommes parcoururent le pays en disant que la propriété a des devoirs. Ils le dirent si souvent d'une façon si ennuyeuse, que l'Église s'est mise à le dire. On l'entend répéter dans toutes les chaires.

Cela est parfaitement vrai. Non seulement la propriété a des devoirs, mais elle a des devoirs si nombreux, qu'au delà de certaines limites, sa possession est une source d'ennuis. Elle comporte des servitudes à n'en plus finir pour les uns; pour d'autres une continuelle application aux affaires: ce sont des ennuis sans fin.

Si la propriété ne comportait que des plaisirs, nous pourrions nous en accommoder, mais les devoirs qui s'y rattachent la rendent insupportable. Nous devons la supprimer, dans l'intérêt des riches.

Quant aux vertus des pauvres, il faut les reconnaître, elles n'en sont que plus regrettables.

On nous dit souvent que les pauvres, sont reconnaissants de la charité. Certains le sont, nul n'en doute, mais *les meilleurs d'entre eux ne sont jamais reconnaissants*. Ils sont ingrats, mécontents, indociles, ingouvernables, et c'est leur droit strict.

Ils sentent que la Charité est un moyen de restitution partielle ridiculement inadéquat, ou une aumône sentimentale, presque toujours aggravée d'une impertinente indiscrétion que l'homme sentimental se permet pour diriger tyranniquement leur vie privée.

Pourquoi ramasseraient-ils avec reconnaissance les croûtes de pain qui tombent de la table du riche ?

Leur place serait à cette même table, et ils commencent à le savoir.

On parle de leur mécontentement. Un homme qui ne serait pas mécontent dans un tel milieu, dans une existence aussi basse, serait une parfaite brute.

Aux yeux de quiconque a lu l'histoire, la désobéissance est une vertu primordiale de l'homme. C'est par la désobéissance que s'est accompli le progrès, par la désobéissance et la révolte.

Parfois on loue les pauvres d'être économes. Mais recommander l'économie aux pauvres, c'est chose à la fois grotesque et insultante. Cela revient à dire à un homme qui meurt de faim: « ne mangez pas tant ». Un travailleur de la ville ou des champs qui pratiquerait l'économie serait un être profondément immoral. On devrait se garder de donner la preuve qu'on est capable de vivre comme un animal réduit à la portion congrue. On devrait se refuser à vivre de cette façon; il est préférable de voler ou de recourir à l'assistance publique, ce que bien des gens regardent comme une forme du vol. Quant à mendier, c'est plus sûr que de prendre, mais prendre est plus beau que mendier. Non, un bomme pauvre qui est ingrat, dépensier, mécontent, rebelle, est probablement quelqu'un, et il y a en lui bien des choses. Dans tous les cas, il est une protestation saine.

Quant aux pauvres vertueux, nous pouvons les plaindre, mais pour rien au monde nous ne les admirerons. Ils ont traité pour leur compte personnel avec l'ennemi, et vendu leur droit d'aînesse pour un très méchant plat. Il faut donc que ce soient des gens extrêmement bornés.

Je comprends fort bien qu'on accepte des lois protectrices de la propriété privée, qu'on en admette l'accumulation, tant qu'on est capable soi-même de réaliser dans de telles conditions quelque forme de vie esthétique et intellectuelle. Mais ce qui me paraît tout à fait incroyable, c'est qu'un homme dont l'existence est entravée, rendue hideuse par de telles lois puisse se résigner à leur permanence.

Et pourtant la vraie explication n'est point malaisée à trouver, la voici dans toute sa simplicité.

La misère, la pauvreté ont une telle puissance dégradante, elles exercent un effet paralysant si énergique sur la nature humaine, qu'aucune classe n'a une conscience nette de ses propres souffrances. Il faut qu'elle en soit avertie par d'autres, et souvent elle refuse totalement de les croire.

Ce que les grands employeurs de travail disent contre les agitateurs est d'une incontestable vérité.

Les agitateurs sont une bande de gens qui se mêlent à tout, se fourrent partout; ils s'en prennent à une classe qui jusqu'alors était parfaitement satisfaite, et ils sèment chez elle les germes, du mécontentement. C'est là ce qui fait que les agitateurs sont des plus nécessaires. Sans eux, dans notre état d'imperfection sociale, on ne ferait pas un seul progrès vers la civilisation.

Si l'esclavage a disparu d'Amérique, cela n'est nullement dû à l'initiative des esclaves et ils n'ont pas même exprimé formellement le désir d'être libres. Sa suppression est entièrement due à la conduite grossièrement illégale de certains agitateurs de Boston et d'ailleurs, qui n'étaient point eux-mêmes des esclaves, ni des possesseurs d'esclaves, qui n'avaient aucun intérêt réellement engagé dans la question. Ce sont les abolitionnistes, certainement, qui ont allumé la torche, l'ont tenue en l'air, qui ont mis en marche toute l'affaire. Et, chose assez curieuse, ils n'ont trouvé qu'un très faible concours chez les esclaves eux-mêmes, ils n'ont guère éveillé en ceux-là de sympathies, et quand la guerre fut terminée, quand les esclaves se trouvaient libres, en possession même d'une liberté tellement complète qu'ils étaient libres de mourir de faim, beaucoup parmi eux déplorèrent le nouvel état de choses.

Pour le penseur, l'événement le plus tragique, dans toute la Révolution française, n'est point que Marie-Antoinette ait été mise à mort comme Reine, mais que les paysans affamés de la Vendée aient couru volontairement se faire tuer pour la cause affreuse de la féodalité.

Il est donc clair qu'un socialisme autoritaire ne fera pas l'affaire. En effet, dans le système actuel, un très grand nombre de gens peuvent mener une existence qui comporte une certaine somme de liberté, d'expression, de bonheur. Dans une société composée de casernes industrielles, sous un régime de tyrannie économique, personne ne serait en état de jouir de cette liberté.

Il est fâcheux qu'une partie de notre population soit dans un état équivalent à l'esclavage, mais il serait puéril de prétendre résoudre le problème par l'asservissement de toute la population.

Il faut que chacun ait la liberté de choisir son travail. On ne doit exercer sur personne aucune contrainte, quelle qu'en soit la forme.

S'il s'en produit, son travail ne sera pas bon pour lui, ne sera pas bon en soi, ne sera pas bon pour les autres. Et par travail, j'entends simplement toute sorte d'activité.

J'ai peine à croire qu'il se trouve aujourd'hui un seul socialiste pour proposer que chaque matin un inspecteur aille dans chaque maison s'assurer que le citoyen qui l'occupe est levé, et fait ses huit heures de travail manuel.

L'humanité a dépassé cette phase et réserve ce genre de vie à ceux que, pour des raisons fort arbitraires, elle juge à propos d'appeler les criminels.

Mais j'avoue que bien des plans de socialisme, qui me sont tombés sous les yeux, me paraissent viciés d'idées autoritaires, sinon de contrainte effectuée. Naturellement il ne saurait être question d'autorité ni de contrainte. Toute association doit être entièrement volontaire. *C'est seulement par l'association volontaire que l'homme se développe dans toute sa beauté.*

On se demandera peut-être comment l'individualisme, plus ou moins subordonné de nos jours à l'existence de la propriété privée, trouvera son profit à l'abolition de toute propriété privée.

La réponse est très simple.

Il est vrai que dans les conditions actuelles, un petit nombre d'hommes, qui possédaient en propre, des moyens d'existence, comme Byron, Shelley, Browning, Victor Hugo, Baudelaire, et d'autres ont été en mesure de réaliser plus ou moins complètement leur personnalité. Pas un de ces hommes n'a travaillé un seul jour pour un salaire. Ils étaient à l'abri de la pauvreté. Ils avaient un immense avantage.

Il s'agit de savoir si l'individualisme gagnerait à la suppression d'un tel avantage.

Qu'advient-il alors de l'individualisme ?

Quel bénéfice en retirera-t-il ?

Il en profitera de la façon suivante:

Dans le nouvel état de choses, l'individualisme sera bien plus libre, bien plus affiné, bien plus intensifié qu'il ne l'est actuellement.

Je ne parle point de l'individualisme grandiose que ces poètes réalisent dans leur imagination, mais du grand individualisme qui existe à l'état latent, potentiel dans l'humanité en général. Car l'acceptation de la propriété a fait un tort véritable à l'individualisme, et l'a rendu nébuleux par suite de la confusion entre l'homme et ce qu'il possède.

Elle a fait dévier entièrement l'individualisme. Elle lui a donné pour but le gain et non la croissance. Par suite, on a cru que le point important était d'avoir, et l'on a ignoré que le point important, c'était d'être.

La véritable perfection de l'homme consiste non dans ce qu'il a, mais dans ce qu'il est.

La propriété privée a écrasé le vrai individualisme et fait surgir un individualisme illusoire. Elle a interdit à une partie de la population l'accès de l'individualisme par la barrière de la faim. Elle a interdit cet accès au reste de la population, en lui faisant suivre une mauvaise route et la surchargeant inutilement.

Et, en effet, la personnalité de l'homme s'est si complètement fondue en ses possessions, que la loi anglaise a traité les attaques contre les propriétés individuelles bien plus sévèrement que les attaques contre les personnes, et que la propriété est restée la condition des droits civiques.

L'activité nécessaire pour gagner de l'argent est aussi des plus démoralisantes.

Dans un pays comme le nôtre, où la propriété confère des avantages immenses, position sociale, honneurs, respect, titres, et autres agréments de même sorte, l'homme, ambitieux par nature, se donne pour but l'accumulation de cette propriété. Il s'acharne, s'exténue à cet ennuyeux labeur d'accumuler, longtemps après qu'il a acquis bien au delà de ce qui lui est nécessaire, de ce dont il peut faire quelque usage, tirer quelque plaisir, bien au delà même de ce qu'il croit avoir. Un homme se surmènera jusqu'à en mourir pour s'assurer la possession, et vraiment quand on considère les avantages énormes que donne la propriété, on ne s'en étonne guère.

On regrette que la société soit construite sur une base telle que l'homme ait été engagé par force dans une rainure, et mis ainsi dans l'impossibilité de développer librement ce qui, en lui, est merveilleux, fascinant, exquis, — mis par là même hors d'état de sentir le vrai plaisir, la joie de vivre.

En outre, dans les conditions actuelles, l'homme jouit de très peu de sécurité.

Un négociant qui possède une fortune énorme, peut être, et il est en effet, à chaque instant de sa vie, à la merci de choses sur lesquelles il n'a aucune influence. Que la direction du vent se déplace de quelques points, que le temps change brusquement, qu'il se produise un incident trivial, que son vaisseau coule, que ses spéculations tournent mal, et il se trouvera dans le rang des pauvres: sa situation sociale disparaîtra complètement.

Or, il faudrait qu'un homme ne souffre que du mal qu'il se fait à lui-même. Il faudrait qu'il soit impossible de voler un homme. Ce que l'on possède réellement, on l'a en soi. Il faudrait que ce qui est en dehors d'un homme soit entièrement dépourvu d'importance.

Abolissons la propriété privée, et nous aurons alors le vrai, le beau, le salutaire individualisme.

Personne ne gâchera sa vie à accumuler des choses, et des symboles de choses.

On vivra.

Vivre, c'est ce qu'il y a de plus rare au monde. La plupart des hommes existent, voilà tout.

On peut se demander si nous avons jamais vu la complète expression d'une personnalité, si ce n'est sur le plan où évolue l'imagination de l'artiste.

Dans l'action, nous ne l'avons jamais vu.

César, dit Mommsen, était l'homme complet, parfait. Mais au milieu de quelle tragique insécurité ne vivait-il pas ?

Partout où l'homme exerce l'autorité, il en est un qui résiste à l'autorité.

César était très parfait, mais sa perfection voyageait sur une route trop dangereuse.

Marc-Aurèle était l'homme parfait, dit Renan. Oui, le grand empereur était un homme parfait, mais quel intolérable fardeau de charges infinies on lui imposait ! Il chancelait sous le poids de l'empire. Il avait conscience de l'impossibilité où un seul homme se trouvait de porter le faix de ce monde titanique, trop vaste.

L'homme que j'appelle parfait, c'est l'homme qui se développe au milieu de conditions parfaites, l'homme qui n'est point blessé, tracassé, mutilé, ou en danger.

La plupart des personnalités ont été contraintes à la rébellion. La moitié de leur force s'est usée en frottement.

La personnalité de Byron, par exemple, a été terriblement gaspillée dans sa bataille avec la stupidité, l'hypocrisie, le philistinisme des Anglais. De telles batailles n'ont pas toujours pour résultat d'accroître les forces. Byron ne fut jamais en état de donner ce qu'il eût pu donner.

Shelley s'en tira mieux. Comme Byron, il avait quitté l'Angleterre dès que la chose avait été possible. Mais il n'était pas aussi connu. Si les Anglais s'étaient tant soit peu douté de sa valeur, de sa supériorité réelle comme poète, ils seraient tombés sur lui à coups de dents, à coups de griffes, et ils auraient fait l'impossible pour lui rendre la vie insupportable. Mais il ne faisait pas assez grande figure dans le monde, aussi fut-il relativement tranquille. Néanmoins, même en Shelley, la marque de la rébellion est parfois très forte. Le trait caractéristique de la personnalité parfaite, n'est pas la rébellion, mais la paix.

Ce sera une chose bien merveilleuse, que la vraie personnalité humaine, quand nous la verrons. Elle croîtra naturellement et simplement, comme la fleur, comme l'arbre poussent. Elle ne sera jamais en état discordant. Elle n'argumentera pas, ne disputera pas. Elle ne fera pas de démonstrations. Elle saura toutes choses. Et, néanmoins, elle ne s'acharnera point après la connaissance. Elle possédera la sagesse. Sa valeur n'aura point pour mesures des choses matérielles. Elle ne possédera rien, et néanmoins elle possédera tout, et quoi qu'on lui prenne, elle continuera à le posséder, tant elle sera riche. Elle ne sera pas sans cesse occupée à se mêler des affaires d'autrui ou à vouloir que les autres lui soient semblables. Elle aimera les autres, à raison même de leur différence.

Néanmoins, tout en se refusant à intervenir chez les autres, elle les aidera tous, comme nous est secourable une belle chose, simplement parce qu'elle est telle.

La personnalité de l'homme sera une vraie merveille. Elle sera aussi merveilleuse que la personnalité de l'enfant.

À son développement concourra le Christianisme, si les hommes le désirent; mais si les hommes ne le désirent pas, elle ne se développera pas avec moins de sûreté. Car elle ne se souciera guère du passé. Il ne lui importera guère que des choses aient eu lieu ou non. De plus, elle n'admettra pas d'autres lois que celles qu'elle se sera faites, pas d'autre autorité que la sienne à elle. Néanmoins, elle aimera ceux qui cherchèrent à la rendre plus intense, elle parlera souvent d'eux. Et le Christ fut l'un d'eux.

« Connais-toi toi-même », lisait-on sur un portique dans le monde ancien. Sur le portique du monde nouveau on lira: « Sois toi-même ». Et le message que le Christ apportait à l'homme se réduisait à ceci: « Sois toi-même ». C'est là le secret du Christ.

Quand Jésus parle de pauvres, il entend simplement par là des personnalités, tout comme sa mention de riches s'applique à des hommes qui n'ont pas développé leurs personnalités.

Jésus se mouvait au milieu d'un peuple qui admettait l'accumulation de la propriété tout comme on l'admet parmi nous. L'Évangile qu'il prêchait ne tendait point à faire regarder comme avantageux à l'homme un genre de vie où l'on se nourrirait chichement d'aliments malsains, où l'on se vêtirait de haillons malsains, où l'on coucherait dans des chambres horribles et malsaines. Il ne trouvait point désavantageux pour l'homme de vivre dans des conditions salubres, agréables et décentes.

Une telle manière de voir eût été faussée en ce pays, en ce temps-là et le serait bien davantage de nos jours et en Angleterre, car plus l'homme remonte vers le nord, plus les nécessités matérielles de la vie prennent une importance vitale; notre société est infiniment plus compliquée, et recule bien plus loin les extrêmes du luxe et du paupérisme, qu'aucune autre société du monde ancien.

Ce que Jésus voulait dire, c'était ceci:

Il disait à l'homme: « Vous avez une personnalité merveilleuse; développez-la, soyez vous-même. Ne vous imaginez pas que la perfection consiste à accumuler ou posséder des choses extérieures. C'est en dedans de vous-même qu'est votre perfection. Dès que vous aurez bien saisi cela, vous n'aurez plus besoin d'être riche. Les richesses ordinaires, on peut les voler à un homme. Les richesses réelles, on ne saurait les prendre. Dans le trésor intérieur de votre âme, il y a une infinité de choses précieuses qu'on ne saurait vous voler. Aussi, efforcez-vous de donner à votre vie une forme telle que les choses du dehors ne puissent vous faire du mal. Essayez aussi de vous défaire de la propriété privée. Celle-ci comporte des préoccupations sordides, une activité sans fin, des maux sans nombre. La propriété privée entrave à chaque pas l'individualisme. »

Il faut le remarquer, Jésus n'a jamais dit que les gens appauvris sont nécessairement des gens honnêtes, ni que les gens aisés sont forcément mauvais.

Cela n'aurait pas été vrai. En tant que classe, les gens aisés valent mieux que les gens appauvris. Ils sont plus moraux, plus intellectuels. Ils ont plus de tenue.

Il y a dans une nation, une seule classe qui pense plus à l'argent que les riches, et ce sont les pauvres.

Les pauvres ne peuvent penser à autre chose. C'est en cela que consiste la malédiction de la pauvreté.

Ce que dit Jésus, c'est que l'homme arrive à la perfection non point par ce qu'il a, ni même par ce qu'il fait, mais uniquement par ce qu'il est.

Et ainsi le jeune homme riche, qui vient à Jésus, est représenté comme un citoyen profondément honnête, qui n'a enfreint aucune des lois de son pays, aucun des commandements de sa religion. Il est tout à fait respectable, dans le sens qu'on donne d'ordinaire à ce mot extraordinaire.

Jésus lui dit:

— Vous devriez renoncer à votre propriété personnelle. Cela vous empêche de réaliser votre perfection; c'est un poids mort que vous traînez; c'est un fardeau. Votre personnalité n'en a pas besoin. C'est en votre intérieur, et non en dehors de vous, que vous trouverez ce que vous êtes réellement, et ce qui vous est réellement nécessaire.

À ses amis, il tient le même langage.

Il leur dit d'être eux-mêmes, et de ne pas se tracasser incessamment au sujet de choses qui leur sont étrangères. Et qu'importent les autres choses ?

L'homme forme un tout complet.

Quand ils se mêleront au monde, le monde entrera en conflit avec eux. Cela est inévitable. Le monde hait l'individualisme. Mais qu'ils ne s'en troublent point.

Ils doivent être calmes, concentrés sur eux-mêmes.

Si quelqu'un leur prend leur manteau, qu'ils lui donnent leur habit, rien que pour montrer que les choses matérielles n'ont pas d'importance. Si les gens les injurient, qu'ils s'abstiennent de riposter. Qu'est-ce que cela signifie ? Ce qu'on dit d'un homme ne change rien en cet homme. Il est ce qu'il est. L'opinion publique n'a pas la moindre valeur.

Même quand on use de violence, ils ne doivent pas y opposer la violence. Ce serait s'abaisser au même niveau.

Après tout, jusque dans une prison, un homme peut être tout à fait libre. Son âme peut être libre. Sa personnalité peut échapper à toute agitation.

Et qu'ils s'abstiennent, par dessus toutes choses, de vouloir agir sur les autres, de porter sur eux un jugement quelconque. La personnalité est chose très mystérieuse. On ne peut pas toujours apprécier un homme d'après ses actes. Il se peut qu'il observe la loi, et soit néanmoins un être indigne. Il se peut qu'il enfreigne la loi, et soit néanmoins honorable. Il se peut qu'il soit mauvais, sans jamais rien faire de mal. Il peut commettre une faute envers la société et néanmoins réaliser par cette faute sa véritable perfection.

Un jour une femme fut prise en flagrant délit d'adultère. Nous ne connaissons pas l'histoire de son amour, mais cet amour doit avoir été bien grand, car Jésus lui dit que ses péchés lui étaient pardonnés, et non point parce qu'elle se repentait, mais parce que son amour était si intense, si admirable[4].

Plus tard, un peu avant sa mort, comme il était assis à un repas de fête, la femme entra et vint lui répandre sur la chevelure des parfums de grand prix. Les amis de Jésus voulurent s'y opposer. Ils dirent que c'était là de l'extravagance, et que le prix de ces parfums aurait dû être employé à secourir charitablement des gens dans le besoin ou à quelque autre usage analogue. Jésus n'agréa point cette manière de voir. Il fit remarquer que les besoins matériels de l'homme sont nombreux et très constants, mais que les besoins spirituels de l'homme sont plus grands encore, que, dans un moment divin, une personnalité peut se rendre parfaite, en choisissant elle-même son mode d'expression. Et aujourd'hui encore le monde honore cette femme comme une sainte.

Oui, il y a dans l'individualisme des choses suggestives.

Par exemple le socialisme anéantit la vie de famille.

Quand disparaîtra la propriété privée, le mariage, sous sa forme actuelle, devra disparaître.

Cela fait partie du programme.

L'individualisme y adhère et ennoblit cette thèse. À la contrainte légale, qui est abolie, il substitue une forme libre qui favorisera le développement total de la personnalité, rendra plus admirable l'amour de l'homme et de la femme, embellira cet amour, l'ennoblira.

Jésus savait cela. Il se refusa aux exigences familiales, bien que, dans son temps et dans son pays, elles eussent une forme très précise.

— Où est ma mère ? où sont mes frères ? dit-il quand on l'informa qu'ils demandaient à lui parler.

---

[4] Dans l'*Evangile* ce n'est pas l'amour adultère qui est intense et admirable, c'est l'amour de la pécheresse pour Jésus. (Note du traducteur.)

Lorsqu'un de ses disciples lui demanda la permission de s'en aller pour donner la sépulture à son père, il lui fit cette réponse terrible:

— Laissez les morts ensevelir les morts. Il n'admettait aucune exigence qui pût entamer la personnalité.

Ainsi donc, l'homme qui voudrait imiter l'existence du Christ, c'est l'homme qui veut être parfaitement, exclusivement lui-même. Ce peut être un grand poète, un grand savant, un jeune étudiant de l'Université; ce peut être un pâtre qui garde les moutons sur la lande; ou bien un faiseur de drames, comme Shakespeare, ou un homme qui sonde la nature divine, comme Spinosa; ou bien un enfant qui joue dans un jardin, ou un pêcheur qui jette ses filets dans la mer. Il importe peu qu'il soit ceci, ou cela, du moment qu'il réalise la perfection de l'âme qui est en lui.

Toute imitation en morale et dans la vie est mauvaise.

À l'heure actuelle, il y a dans les rues de Jérusalem un fou qui les parcourt péniblement, et porte sur les épaules une croix de bois. Il est le symbole des existences que déforme l'imitation.

Le Père Damien agissait comme le Christ, quand il partit pour aller vivre avec les lépreux, parce qu'en assumant cette tâche, il réalisait entièrement ce qui était le meilleur en lui, mais il n'était pas plus semblable au Christ que Richard Wagner, exprimant son Âme par la musique; que Shelley, exprimant son âme par les vers. Il n'y a pas qu'un type pour l'homme.

Le nombre des perfections égale le nombre des hommes imparfaits. Et si un homme peut céder aux exigences de la charité tout en restant libre, les exigences de l'uniformité ne sauraient se réaliser qu'à la condition d'anéantir toute liberté.

L'individualisme est donc le but que nous atteindrons en passant par le Socialisme. Une conséquence naturelle, c'est que l'État doit renoncer à toute idée de gouvernement. Il doit y renoncer parce que, s'il est possible de concevoir l'homme laissé à lui-même, il n'est pas possible de concevoir un gouvernement pour l'espèce humaine, ainsi que l'a dit un sage avant le Christ.

Tous les systèmes de gouvernement sont des avortements.

Le despotisme est injuste envers tous, envers le despote lui-même, qui probablement était destiné à faire mieux que cela.

Les oligarchies sont injustes envers la majorité, et les ochlocraties[5] le sont envers la minorité.

On avait jadis fondé de grandes espérances sur la démocratie, mais le mot de démocratie signifie simplement que le peuple régit le peuple à coups de triques dans l'intérêt du peuple.

On a fait cette découverte.

Je dois dire qu'il était grand temps, car toute autorité est profondément dégradante. Elle dégrade ceux qui l'exercent. Elle dégrade ceux qui en subissent l'exercice.

Lorsqu'on en use violemment, brutalement, cruellement, cela produit un bon effet, en créant, et toujours en faisant éclater l'esprit de révolte», d'individualisme qui la tuera.

Lorsqu'on la manie avec une certaine douceur, qu'on y ajoute l'emploi de primes et de récompenses, elle est terriblement démoralisante. Dans ce cas, les gens s'aperçoivent moins de l'horrible pression qu'on exerce sur eux, et ils vont jusqu'au bout de leur vie dans une sorte de bien-être grossier, pareils à des animaux qu'on choie; jamais ils ne se rendent compte qu'ils pensent probablement la pensée d'autrui, qu'ils vivent selon l'idéal conçu par d'autres, qu'en définitive, ils portent ce qu'on peut appeler des vêtements d'occasion, que jamais, pas une minute, ils ne sont eux-mêmes.

« Quiconque veut être libre, dit un fin penseur, doit se soustraire à l'uniformité. » Et l'autorité, en encourageant par des appâts le peuple à l'uniformité, produit parmi nous un clan de grossiers barbares abondamment gavés.

Avec l'autorité, disparaîtront les châtiments.

---

[5] L'ochlocratie (en grec ancien ὀχλοκρατία / okhlokratía, en latin: ochlocratia) est une forme de gouvernement dans lequel la masse a tous les pouvoirs et peut imposer tous ses désirs. (NDE)

On aura alors gagné beaucoup; on aura fait en réalité, un gain inestimable.

Quand on lit l'histoire, non pas celle des éditions émondées qui s'écrivent pour les écoliers et les cancres d'Université, mais les documents originaux de chaque époque, on est absolument écœuré, non point par les crimes commis par les gredins, mais par les châtiments qu'ont infligés les honnêtes gens.

Un peuple est infiniment plus abruti par l'emploi habituel des punitions que par les crimes qui s'y commettent de temps à autre.

La conséquence qui saute aux yeux, c'est que plus il s'inflige de châtiments, plus il se commet de crimes.

La plupart des législateurs modernes l'ont très bien remarqué, et se sont imposé la tâche de réduire les peines dans la mesure qu'ils croient possible. Et partout où cette réduction a été réelle, elle a toujours produit d'excellents résultats.

Moins il y a de peines, moins il y a de crimes.

Quand on aura totalement supprimé les châtiments, ou bien il n'y aura plus de crimes, ou bien s'il s'en produit, leurs auteurs seront soignés par les médecins pour une forme de folie très fâcheuse, qui doit être traitée par l'attention et la bonté.

En effet, ceux que de nos jours on qualifie de criminels ne le sont aucunement.

Ce qui engendre le crime moderne, c'est la misère et non la méchanceté.

On a, il est vrai, le droit de regarder nos criminels, en tant que classe, comme des gens absolument dépourvus de tout ce qui pourrait intéresser un psychologue. Ce ne sont point des merveilleux Macbeth, des Vautrin bien terribles. Ils sont tout bonnement ce que seraient des hommes ordinaires, respectables, terre à terre, s'ils n'avaient pas de quoi manger.

La propriété privée étant abolie, il ne sera plus nécessaire de commettre des crimes. Le besoin ne s'en fera plus sentir; il ne s'en commettra plus.

Il est vrai, sans doute, que tous les crimes ne sont pas commis contre la propriété, bien que la loi anglaise, attachant plus d'importance à ce qu'un homme possède qu'à ce qu'il est, réserve ses châtiments les plus sévères, les plus horribles à ce genre de crimes, l'assassinat mis à part, et bien qu'elle regarde la mort comme pire que la servitude pénale, sur quoi, je crois, les opinions de nos criminels sont partagées. Mais il peut arriver qu'un crime, sans être commis contre la propriété, ait pour cause la misère, la rage, l'abattement produit par les défauts de notre système de propriété; dès lors il ne s'en commettra plus, après l'abolition de ce système.

Lorsque chaque membre de la Société a tout ce qui est nécessaire à ses besoins, et que son prochain le laisse tranquille, il n'a lui-même aucun motif de se mêler des affaires d'autrui.

La jalousie, source extraordinairement féconde de crimes en notre temps, est une émotion qui se rattache de fort près à nos conceptions de propriété, et qui s'effacera bientôt sous le régime du socialisme et de l'individualisme.

Il est assez remarquable que la jalousie soit inconnue dans les tribus communistes.

Maintenant l'État, n'ayant plus à gouverner, on peut se demander ce que l'État fera.

L'État deviendra une association volontaire qui organisera le travail, qui fabriquera et distribuera les objets nécessaires.

L'État a pour objet de faire ce qui est utile.

Le rôle de l'individu est de faire ce qui est beau.

Et puisque j'ai prononcé le mot de travail, je ne puis me dispenser de dire qu'on a écrit et dit un nombre infini de sottises, de nos jours, à propos de la dignité du travail manuel. Le travail manuel n'a en soi rien qui soit nécessairement digne, et il est en grande partie absolument dégradant.

L'homme éprouve un dommage à la fois mental et moral, quand il fait quelque chose où il ne trouve aucun plaisir. Bien des formes de travail sont de l'activité tout à fait dépourvue d'attrait, et devraient être regardées comme telles. Balayer pendant huit heures par jour un passage boueux quand le vent souffle de l'est, c'est une occupation dégoûtante. Faire ce nettoyage avec une dignité intellectuelle, ou morale, ou physique, me parait impossible. Le faire avec joie, ce serait terrifiant.

L'affaire de l'homme est autre que de déplacer de la boue. Tous les travaux de ce genre devraient être exécutés par des machines.

Et je suis convaincu qu'on en arrivera là.

Jusqu'à présent, l'homme a été, jusqu'à un certain point, l'esclave de la machine, et il y a quelque chose de tragique dans ce fait que l'homme a souffert de la faim dès le jour où il a inventé une machine pour le remplacer dans son travail.

Un homme possède une machine qui exécute la besogne de cinq cents hommes.

En conséquence, voilà cinq cents hommes jetés sur le pavé, n'ayant rien à faire, rien à manger, et qui se mettent à voler.

Quant au premier, il récolte les produits de la machine, et il les garde. Il a cinq cents fois plus de temps qu'il ne devrait en avoir, et très probablement, beaucoup plus qu'il ne lui en faut, en réalité, ce qui est bien plus important.

Si la machine appartenait à tout le monde, chacun en profiterait.

Ce serait là un avantage immense pour la société.

Tout travail non intellectuel, tout travail monotone et ennuyeux, tout travail où l'on manipule des substances dangereuses et qui comporte des conditions désagréables, doit être fait par la machine.

C'est la machine qui doit travailler pour nous dans les mines de houille, qui doit faire les besognes d'assainissement, faire le service des chauffeurs à bord des steamers, balayer les rues, faire les courses quand il pleut, en un mot, accomplir toutes les besognes ennuyeuses ou pénibles.

Actuellement, la machine fait concurrence à l'homme.

Dans des conditions normales, la machine sera pour l'homme un serviteur.

Il est hors de doute que tel sera un jour le rôle de la machine, de même que les arbres poussent pendant que le gentleman campagnard dort, de même l'Humanité passera son temps à s'amuser, ou à jouir d'un loisir raffiné, — car sa destination est telle, et non le labeur — ou à faire de belles œuvres, ou à lire de belles choses, ou à contempler simplement l'univers avec admiration, avec enchantement — pendant que la machine fera tout le travail nécessaire et désagréable.

Il est certain que la civilisation a besoin d'esclaves.

Sur ce point, les Grecs avaient tout à fait raison. Faute d'esclaves pour faire la besogne laide, horrible, assommante, toute culture, toute contemplation devient impossible. Et quand les savants ne seront plus forcés d'aller dans les vilains quartiers d'East-End, distribuer du méchant cacao, et des couvertures plus méchantes encore aux affamés, ils auront de charmants loisirs pour combiner des choses admirables, merveilleuses, qui feront leur joie et la joie de tous.

On aura de grandes accumulations de force pour chaque ville, au besoin pour chaque maison. Cette force, l'homme la convertira en chaleur, en lumière, en mouvement, selon ses besoins.

Est-ce de l'Utopie, cela ?

Une carte du monde où l'Utopie ne serait pas marquée, ne vaudrait pas la peine d'être regardée, car il y manquerait le pays où l'Humanité atterrit chaque jour.

Et quand l'Humanité y a débarqué, elle regarde au loin, elle aperçoit une terre plus belle, et elle remet à la voile.

Progresser, c'est réaliser des Utopies.

J'ai donc dit qu'en organisant le travail des machines, la société fournira les choses utiles, pendant que les belles choses seront faites par l'individu. Non seulement il faut qu'il en soit ainsi, mais encore il n'y a pas d'autre moyen pour que nous ayons l'une et l'autre chose.

Un individu qui a pour tâche de fabriquer des objets destinés à l'usage des autres, et qui doit tenir compte de leurs besoins et de leurs désirs, ne saurait s'intéresser à ce qu'il fait, et par conséquent, il ne peut mettre en son œuvre ce qu'il y a de meilleur en lui.

D'un autre côté, quand une société, ou une puissante majorité de cette société, quand un gouvernement de n'importe quelle sorte, attentent de dicter à l'artiste ce qu'il a à faire, l'art se dissipe à l'instant, ou bien il prend une forme stéréotypée, ou bien il dégénère en une sorte de métier, basse et ignoble.

Une œuvre d'art est le résultat unique d'un tempérament unique. Elle doit sa beauté à ce que l'auteur est ce qu'il est. Elle ne doit rien à ce fait que d'autres ont besoin de ce dont ils ont besoin.

Et en réalité, dès que l'artiste tient compte de ce que les autres demandent, dès qu'il s'efforce de satisfaire à cette demande, il cesse d'être un artiste, devient un artisan morne ou amusant, un commerçant honnête ou malhonnête.

Il n'a plus aucun droit au nom d'artiste.

L'art est le mode d'individualisme le plus intense que le monde ait connu. J'irais même jusqu'à dire que c'est le seul mode d'individualisme que le monde ait connu.

Le crime, qui dans certaines circonstances, peut paraître la source de l'individualisme, est obligé de tenir compte d'autres hommes, et de se mettre en rapport avec eux. Il appartient à la sphère de l'action.

L'artiste, seul, est exempt de la nécessité de s'occuper de ses voisins. Seul, il peut façonner une belle chose sans intervenir dans quoi que ce soit d'extérieur, et s'il ne la travaille pas pour son propre plaisir, il n'est pas du tout un artiste.

Et il faut noter ceci:

Le fait que l'Art est cette forme intense de l'individualisme est justement ce qui incite le public à vouloir lui imposer une autorité aussi immorale que ridicule, aussi corruptrice que méprisable.

Et ce n'est pas tout à fait sa faute.

Le public a toujours, et dans tous les siècles, été mal éduqué. Il demande constamment à l'Art d'être populaire, de flatter son manque de goût, d'aduler son absurde vanité, de lui dire ce qui lui a déjà été dit, de lui montrer ce qu'il devrait être las de voir, de l'amuser quand il se sent alourdi par un trop copieux repas, de lui distraire l'esprit quand il est accablé par sa propre stupidité.

Or, l'Art ne doit jamais chercher à être populaire. C'est au public lui-même à tâcher de se rendre artistique.

C'est là une différence très profonde.

Dites à un homme de science que les résultats de ses expériences, les conclusions auxquelles il est arrivé doivent être de nature à ne point bouleverser les notions que possède le public sur le sujet, de nature à ne point déranger les préjugés populaires, ne point froisser la sensibilité de gens qui n'entendent rien à la science, — dites à un philosophe qu'il a le droit absolu de porter ses spéculations dans les plus hautes sphères de la pensée, mais qu'il doit arriver aux mêmes conclusions qu'admettent ceux qui n'ont jamais promené leur pensée dans aucune sphère, — certes l'homme de sciences et le savant modernes seraient considérablement amusés.

Et cependant, il n'y a réellement que bien peu d'années, philosophie et science étaient également sujettes à subir le brutal contrôle du public, à subir en fait l'autorité, l'autorité fondée soit sur l'ignorance générale qui régnait dans la société, soit sur la terreur et l'avidité de pouvoir de la classe ecclésiastique ou gouvernementale.

Certes, nous avons repoussé avec un assez grand succès toute tentative faite par la société, par l'Église ou par le gouvernement pour pénétrer dans le domaine de l'individualisme qui poursuit la pensée abstraite, mais il reste encore quelques traces de cette tendance à envahir l'individualisme dans l'art de l'imagination.

Même, il en reste plus que des traces; elle est agressive, offensive, abrutissante.

En Angleterre, les arts qui ont le mieux réussi à s'y soustraire, ce sont les arts auxquels le public ne prend aucun intérêt.

La poésie est un exemple qui me permettra de me faire comprendre.

Si nous avons été en mesure d'avoir en Angleterre de belle poésie, c'est parce que le public n'en lit point, et par conséquent, ne saurait exercer d'influence sur elle.

Le public se plaît à insulter les poètes parce qu'ils sont individuels, mais quand il les a insultés, il les laisse tranquilles.

Quand il s'agit du roman ou du drame, genres auxquels le public s'intéresse, les effets que produit la dictature populaire ont été absolument ridicules. Il n'est pas de pays qui produise des œuvres de fiction aussi méchamment écrites, aussi ennuyeuses, aussi banales, des pièces de théâtre aussi sottes, aussi vulgaires que l'Angleterre.

Et cela est inévitable.

L'idéal populaire est d'une nature telle que nul artiste ne peut y atteindre.

Il est à la fois très aisé et très malaisé d'être un romancier populaire.

C'est chose trop aisée, parce que les exigences du public, au point de vue de l'intrigue, du style, de la psychologie, de la façon de décrire la vie, de l'exécution littéraire, sont à la portée des facultés les plus simples, de l'esprit le plus dépourvu de culture.

C'est chose trop malaisée, parce que l'artiste qui voudrait obéir à ces exigences, devrait faite violence à son tempérament, se verrait obligé d'écrire non plus pour la joie artistique d'écrire, mais pour l'amusement de gens à demi éduqués. Il lui faudrait donc renoncer à son individualisme, oublier sa culture, annihiler son style, abandonner tout ce qui, en lui, a quelque valeur.

À l'égard du drame, la situation est un peu meilleure.

Les amateurs de théâtre veulent bien qu'on leur montre des choses évidentes; mais ils ne veulent pas de choses ennuyeuses.

La pièce burlesque et la comédie-farce qui sont les deux formes les plus populaires, ont un caractère artistique marqué. On peut créer des œuvres charmantes dans les genres du burlesque et de la farce, et l'artiste jouit en Angleterre, d'une très grande liberté, dans les pièces de cette sorte.

C'est quand il s'agit des formes dramatiques plus élevées que se fait sentir l'influence du contrôle populaire. La seule chose que le public ne puisse pas souffrir, c'est la nouveauté.

Tout effort qu'on fait pour élargir le sujet, le domaine de l'art, est extrêmement mal accueilli du public, et pourtant la Vitalité et le progrès de l'art dépendent dans une large mesure du développement continuel qu'on donne au domaine des sujets. Le public repousse la nouveauté parce qu'il en a peur. Elle lui apparaît comme un mode d'individualisme, comme une affirmation qu'émet l'artiste d'avoir le droit de choisir son sujet, de le traiter comme il l'entend.

L'attitude du public se justifie parfaitement.

L'art, c'est de l'individualisme, et l'individualisme est une force qui introduit le désordre et la désagrégation. C'est là ce qui fait son immense valeur. Car ce qu'il cherche à bouleverser, c'est la monotonie du type, l'esclavage de la coutume, la tyrannie de l'habitude, la réduction de l'homme au niveau d'une machine.

Dans l'art, le public accepte ce qui a été, parce qu'il ne peut rien y changer, et non parce qu'il l'apprécie. Il avale ses classiques en masse, mais ne les déguste jamais. Il les endure comme des choses inévitables, et, ne pouvant les détériorer, il fait sur eux des phrases.

Chose très étrange, ou pas étrange du tout, suivant le point de vue de chacun, cette résignation aux classiques produit des inconvénients assez nombreux.

L'admiration irraisonnée qu'on professe en Angleterre à l'égard de la Bible et de Shakespeare est un exemple de ce que je veux faire entendre.

En ce qui concerne la Bible, des considérations d'autorité ecclésiastique viennent compliquer la chose; donc je n'insisterai pas sur ce point-là.

Mais en ce qui concerne Shakespeare, il est parfaitement évident que le public ne voit en réalité ni les beautés, ni les défauts de ses pièces. S'il en voyait les beautés, il ne s'opposerait pas au développement du drame; s'il en voyait les défauts, il ne s'opposerait pas non plus au développement du drame.

La vérité, c'est que le public se sert des classiques d'un pays comme d'un moyen pour tenir en échec les progrès de l'Art.

Il abaisse les classiques au rang d'autorités. Il s'en sert comme d'autant de triques pour empêcher la Beauté de s'exprimer librement en ses formes nouvelles. Il demande sans cesse à l'écrivain pourquoi il n'écrit pas comme tel ou tel autre, à un peintre pourquoi il ne peint pas comme celui-ci ou celui-là. Il perd complètement de vue ce fait que si l'un ou l'autre faisaient quoi que ce soit d'analogue, ils cesseraient d'être des artistes.

Le public a une franche aversion contre une forme nouvelle de la beauté, et toutes les fois qu'il en surgit une, il se met tellement en colère, il s'affole tellement, qu'il en vient toujours à deux assertions stupides, — la première, que l'œuvre d'art est grossièrement inintelligible, la seconde que cette œuvre est grossièrement immorale.

Qu'est-ce qu'il entend par là ?

Le voici, à ce que je crois.

Quand il dit qu'une chose est grossièrement inintelligible, il veut dire que l'artiste a écrit ou créé une belle chose qui est nouvelle.

Quand il qualifie une œuvre de grossièrement immorale, cela signifie que l'artiste a dit ou fait une belle chose qui est vraie.

La première phrase se rapporta au style; la dernière au sujet traité. Mais sans doute ces mots ont pour lui un sens très vague, il s'en sert comme une foule en émeute se sert de pavés tout prêts.

Il n'y a pas un seul vrai poète, pas un seul vrai prosateur, en ce siècle par exemple, auquel le public anglais n'ait solennellement conféré des diplômes d'immoralité.

Et chez nous ces diplômes sont l'équivalent exact de ce qu'est en France l'entrée officielle par une élection à l'Académie Française; et par bonheur, ils ont eu pour effet d'empêcher l'établissement d'une institution identique, dont l'Angleterre n'a aucun besoin.

Naturellement le public se montre très téméraire dans l'emploi de ces qualifications.

Qu'on ait qualifié Wordsworth de poète immoral, il fallait s'y attendre. Wordsworth était un poète. Mais que Charles Kingsley ait été appelé un romancier immoral, c'est extraordinaire, la prose de Kingsley n'était pas d'une très belle qualité.

Mais le mot est là, et le public s'en sert du mieux qu'il peut.

Le vrai artiste est un homme qui croit absolument en lui-même, parce qu'il est absolument lui-même. Mais je n'ai pas de peine à concevoir, que si, en Angleterre un artiste produisait une œuvre d'art qui, dès l'instant de son apparition, serait adoptée par le public, par son interprète, c'est-à-dire par la presse, et déclarée par elle œuvre parfaitement intelligible, hautement morale, l'artiste ne tarderait pas à se demander sérieusement, si dans sa création il a été réellement lui-même, et si par conséquent l'œuvre n'est pas tout à fait indigne de lui, si elle n'est point d'un ordre tout à fait inférieur, si même elle n'est pas dépourvue de toute valeur artistique.

Peut-être ai-je fait tort au public en limitant son langage à des mots tels que « immoral, » « intelligible, » « exotique, » et « malsain ».

Il y a encore un autre mot en usage.

C'est celui de « morbide »; on ne s'en sert pas souvent. Le sens de ce mot est si simple qu'on hésite à l'employer. Mais enfin on l'emploie parfois, et de temps à autre on le rencontre dans les journaux populaires. Certes, il est ridicule d'appliquer un pareil mot à des œuvres d'art. Car qu'est-ce qu'un état morbide, sinon un état d'émotion ou un état de pensée qu'on est incapable d'exprimer.

Le public est fait de gens morbides, parce que le public n'arrive jamais à trouver une expression adéquate pour quoi que ce soit.

L'artiste n'est jamais morbide; il exprime toutes choses.

Il se tient en dehors de son sujet, et par l'intermédiaire de ce sujet, il produit des effets incomparables et artistiques.

Qualifier un artiste de morbide, parce qu'il a affaire à l'état morbide dans le sujet qu'il traite, c'est aussi sot que de traiter Shakespeare de fou parce qu'il a écrit le Roi Lear.

À tout prendre, l'artiste gagne à être attaqué, en Angleterre. Son individualité est intensifiée: il devient plus complètement lui-même. Comme de juste les attaques sont très grossières, très impertinentes et très méprisables. Mais nul artiste ne s'attend à trouver de la grâce dans un esprit vulgaire, du style dans un intellect de provincial.

La vulgarité et la stupidité sont deux faits fort vivants dans l'existence moderne, on le regrette, c'est tout naturel. Mais ils sont là. Ce sont des sujets d'étude comme n'importe quelle autre chose.

Et il n'est que juste de constater, à propos des journalistes modernes, qu'ils s'excusent toujours en particulier, de ce qu'ils ont écrit publiquement contre un homme.

Dans les quelques dernières années, il faut mentionner deux adjectifs nouveaux qui sont venus s'ajouter au vocabulaire si restreint d'injures dont le public dispose à l'égard des artistes.

L'un de ces mots, c'est le terme de « malsain », l'autre, le mot d' « exotique. »

Ce dernier exprime simplement la rage qu'éprouve l'éphémère champignon contre l'immortelle orchidée dans son charme séducteur, dans son exquise élégance. C'est un hommage, mais un hommage de peu de prix.

Quant au mot « malsain », celui-là est susceptible d'analyse; c'est un mot qui n'est pas dépourvu d'intérêt, et même, il est si intéressant que ceux qui l'emploient ne savent pas ce qu'il signifie.

Qu'est-ce qu'il signifie ?

Qu'est ce qu'une œuvre d'art qui est saine ou malsaine ?

Tous les termes qu'on applique à une œuvre d'art, à condition de les appliquer rationnellement, se rapportent ou à son style, ou à son sujet, ou à tous deux ensemble.

Au point de vue du style, une œuvre d'art saine est celle où le style rend hommage à la beauté des matériaux qu'il emploie, que ces matériaux soient des mots ou du bronze, des couleurs ou de l'ivoire et utilise cette beauté comme un élément qui doit concourir à l'effet artistique.

Au point de vue du sujet, une œuvre d'art saine est celle où le choix du sujet est déterminé par le tempérament de l'artiste, et en provient directement.

En somme, une œuvre d'art saine est celle qui réunit la perfection et la personnalité. Naturellement il est impossible de séparer, dans une œuvre d'art, la forme et la substance; elles ne font jamais qu'un. Mais si nous voulons nous livrer à l'analyse, si nous écartons un instant l'unité de l'impression esthétique, notre intelligence peut les considérer séparément ainsi.

Une œuvre d'art malsaine, d'autre part, c'est une œuvre dont le style est facile, vieillot, commun, dont le sujet a été choisi à dessein, non point d'après le plaisir que l'artiste éprouverait à le traiter, mais d'après ce qu'il compte en tirer de profit pécuniaire, de la part du public.

En réalité, le roman populaire que le public qualifie de sain, *est toujours une production profondément malsaine, et ce que le public qualifie de roman malsain est toujours une œuvre d'art belle et saine.*

J'ai à peine besoin de dire que je ne veux pas, même un seul instant, me plaindre du mauvais usage que le public et la presse font de ces mots. Je ne sais pas comment ils arriveraient à les employer avec justesse étant dépourvus de toute compréhension de ce qui est l'art.

Je me borne à signaler le mauvais usage; quant à l'origine du mauvais usage, quant à la signification qui se cache derrière tout cela, l'explication est des plus simples.

Elle se résume dans une conception barbare de l'autorité. Elle vient de la naturelle inaptitude d'une société corrompue par l'autorité à comprendre, à apprécier l'individualisme.

En un mot, elle vient de cet être monstrueux et ignorant qui s'appelle l'opinion publique, qui se montre si mauvais dans une bonne intention quand il s'évertue à diriger l'action; mais qui est infâme dans ses actes comme dans ses intentions, quand il prétend contrôler la pensée ou l'art.

Il y aurait même beaucoup plus de choses à dire en faveur de la force matérielle du public, qu'en faveur de l'opinion publique. Le premier peut être raffiné; l'autre doit être imbécile.

On dit souvent que la force est un argument. Mais cela dépend de ce qu'on cherche à prouver.

La plupart des problèmes les plus importants des siècles derniers, comme la durée du gouvernement personnel en Angleterre, celle de la féodalité en France, ont été uniquement résolus par l'emploi de la force matérielle.

La violence même d'une révolution peut donner à la foule une grandeur, une splendeur momentanée.

Ce fut un jour fatal que celui où le public découvrit que la plume l'emporte en puissance sur le pavé, qu'elle est plus dangereuse dans les attaques, qu'une brique. Le public alors s'enquit du journaliste, le trouva, le développa, fit de lui son domestique actif et bien payé. C'est fort regrettable pour l'un et l'autre.

Derrière la barricade, il peut y avoir bien de la noblesse, bien de l'héroïsme. Mais qu'y a-t'il derrière un article de fonds ? Du préjugé, de la stupidité, du cant, du verbiage. La réunion de ces quatre choses constitue une force terrible, et constitue l'autorité nouvelle.

Au temps jadis, on avait le chevalet de torture. Aujourd'hui on a la presse. Assurément c'est un progrès. Mais c'est encore chose mauvaise, nuisible, démoralisante.

Quelqu'un — était-ce Burke, — a dit que la presse est le quatrième État. Évidemment c'était vrai alors. Mais à l'heure actuelle, c'est en réalité le seul État, il a mangé les trois autres. Les lords temporels ne disent rien, les lords ecclésiastiques n'ont rien à dire. La Chambre des Communes n'a rien à dire, et elle le dit; nous sommes dominés par le journalisme.

En Amérique, le Président règne quatre ans; le journalisme règne à perpétuité. Heureusement en Amérique, ce journalisme a poussé l'autorité jusqu'aux dernières limites de la grossièreté et de la brutalité, La conséquence naturelle est qu'il s'est développé un esprit de réaction. Les gens s'en divertissent ou en sont dégoûtés, suivant leur tempérament. Mais il n'est plus, comme jadis, une force réelle. On ne le prend pas au sérieux.

En Angleterre, à part quelques exceptions bien connues, on n'a point permis au journalisme de pousser la brutalité jusqu'à de telles limites, et il est encore un facteur important, une puissance vraiment remarquable. La tyrannie qu'il prétend exercer sur la vie privée des gens me paraît absolument extraordinaire. *Le fait, c'est que le public a une insatiable curiosité de connaître toutes choses, excepté les choses qui valent la peine d'être connues.*

Le journalisme, qui le sait bien, et qui a des habitudes mercantiles, répond à ces demandes.

Dans les siècles passés, le public clouait les journalistes par l'oreille aux pompes publiques. C'était affreux. En ce siècle, les journalistes clouent leurs oreilles à tous les trous de serrure. C'est bien pire.

Et ce qui aggrave le mal, c'est que les journalistes les plus à blâmer ne sont pas les journalistes amusants qui écrivent pour les journaux dits mondains. Le mal est fait par des journalistes sérieux, réfléchis, pondérés, qui traînent solennellement, comme ils le font actuellement, sous les yeux du public, quelque incident de la vie passée d'un grand politicien, invitent le public à discuter l'incident, à exercer son autorité dans l'affaire, à donner ses vues, et non seulement à donner ses vues, mais encore à les mettre en action, à imposer à l'homme ses idées sur divers points, à les imposer à son parti, à les imposer au pays, c'est-à-dire, en définitive à se rendre ridicule, agressif, et malfaisant.

On ne devrait point exposer au public l'existence privée des hommes ou des femmes. Le public n'y a rien à voir.

En France on s'y prend mieux.

Dans ce pays on interdit la reproduction par les journaux des détails des procès qui se débattent devant les tribunaux de divorces, et qui seraient un objet d'amusement ou de critique pour le public. Tout ce que celui-ci peut savoir se réduit à ceci, le divorce a été accordé, ou non. Il l'a été au profit de tel ou telle des intéressés.

En France, vraiment on impose des bornes au journaliste, mais on laisse à l'artiste une liberté presque absolue.

Chez nous, au contraire, c'est au journaliste que nous accordons la liberté intégrale tandis que nous limitons étroitement l'artiste.

En d'autres termes, l'opinion publique s'évertue, en Angleterre, à ligoter, gêner, entraver l'homme qui fait des choses belles, qui les exécute; mais elle force le journaliste à vendre au détail, des objets de nature laide, repoussante, révoltante, si bien que chez nous on trouve les journalistes les plus sérieux et les journaux les plus indécents.

Ce n'est point exagérer que de dire: elle force.

Il se peut qu'il y ait des journalistes qui prennent un réel plaisir à publier des choses horribles, ou qui, étant pauvres, considèrent le scandale comme une sorte de base solide pour se faire des rentes. Mais il y a, j'en suis certain, d'autres journalistes qui sont des hommes bien élevés, des gens cultivés, qui éprouvent une réelle répugnance à publier de telles choses; ils savent qu'il est mal d'agir ainsi, et ils le font, parce que l'état de choses malsain au milieu duquel s'exerce leur profession, les oblige à fournir au public ce que le public demande, à rivaliser avec d'autres journalistes pour livrer cette marchandise en quantité, en qualité correspondantes autant que possible, au grossier appétit des masses. Il est très humiliant pour une classe d'hommes bien élevés, de se trouver dans une situation pareille, et je suis convaincu que la plupart d'entre eux en souffrent cruellement.

Mais laissons de côté cet aspect véritablement honteux du sujet, et revenons à la question de l'influence populaire sur les choses d'art, je veux dire par là celle où l'on voit l'opinion publique dictant à l'artiste la forme qu'il doit employer, le mode qu'il adoptera, le choix des matériaux qu'il mettra en œuvre.

J'ai fait remarquer que les arts qui sont restés le plus indemnes en Angleterre sont les arts auxquels le public ne prenait aucun intérêt.

Il s'intéresse néanmoins au drame, et comme en ces dix ou quinze dernières années, il s'est accompli un certain progrès dans le drame, il est important de rappeler que ce progrès est dû uniquement à ce que quelques artistes originaux se sont refusés à prendre pour guide le défaut de goût du public, se sont refusés à considérer l'art comme une simple affaire d'offre et de demande.

Possédant une vive, une merveilleuse personnalité, un style qui contient une véritable puissance de couleur; et avec cela une extraordinaire faculté non seulement de reproduire les jeux de physionomie, mais encore d'imaginer, de créer par l'intelligence, M. Irving, s'il s'était proposé pour but unique de donner au public ce que celui-ci voulait, eût pu présenter les pièces les plus banales de la manière la plus banale, avoir aussi autant de succès, autant d'argent qu'un homme en peut souhaiter, mais il avait autre chose en vue. Il voulait réaliser sa propre personnalité en tant qu'artiste, dans des conditions données, et dans certaines formes de l'art. Tout d'abord, il fit appel au petit nombre. Maintenant il a fait l'éducation du grand nombre. Il a créé dans le public à la fois le goût et le tempérament.

Le public apprécie immensément son succès artistique. Néanmoins je me suis souvent demandé si le public comprend que ce succès est entièrement dû au fait qu'Irving a refusé d'accepter son criterium, et qu'il y a substitué le sien. Avec le goût du public, le Lyceum eut été une boutique de second ordre, telle que le sont actuellement la plupart des théâtres populaires de Londres. Mais qu'on l'ait compris ou non, un fait reste acquis, que le goût et le tempérament ont été jusqu'à un certain point créés dans le public, que le public est capable de produire ces qualités.

Dès lors le problème se pose ainsi: Pourquoi le public ne se civilise-t-il pas davantage ? Il en possède la faculté; qu'est-ce qui l'arrête ?

Ce qui l'arrête, il faut le redire, c'est son désir d'imposer son autorité à l'artiste et aux œuvres d'art.

Il est des théâtres, comme le Lyceum, comme Haymarket, où le public semble arriver avec des dispositions favorables. Dans ces deux théâtres, il y a eu des artistes originaux, qui ont réussi à créer dans leur auditoire — et chaque théâtre de Londres a son auditoire — le tempérament auquel s'adapte l'Art.

Et qu'est-ce que ce tempérament-là ? C'est un tempérament réceptif. Voilà tout.

Quand on aborde une œuvre d'art avec le désir, si faible qu'il soit, d'exercer une autorité sur elle et sur l'artiste, on l'aborde dans des dispositions telles qu'on ne saurait en recevoir la moindre impression artistique.

L'œuvre d'art est faite pour s'imposer au spectateur; le spectateur n'a point à s'imposer à l'œuvre d'art.

Le spectateur doit être un récepteur. Il doit être le violon sur lequel jouera le maître.

Et mieux il arrivera à supprimer complètement ses sottes manières de voir, ses sots préjugés, ses idées absurdes sur ce que l'art devrait être ou ne peut pas être, plus il est probable qu'il comprendra, qu'il appréciera l'œuvre d'art dont il s'agit. Certes, cela est chose évidente, quand on parle du public vulgaire anglais, hommes et femmes, qui fréquente le théâtre. Mais c'est également vrai en ce qui concerne les personnes d'éducation, comme on dit.

En effet, les idées que possède sur l'Art une personne d'éducation se tirent forcément de ce que l'Art a été, tandis que l'œuvre d'Art nouvelle est belle parce qu'elle est ce que l'Art n'a jamais été. Lui appliquer le passé comme mesure, c'est lui appliquer une mesure dont la suppression est la condition même de sa perfection. Un tempérament capable de recevoir par l'intermédiaire de l'imagination, et dans des circonstances dépendant de l'imagination, des impressions belles et nouvelles, voilà le seul tempérament capable d'apprécier une œuvre d'Art.

Et si vrai que cela soit, quand il s'agit d'apprécier de la sculpture ou de la peinture, c'est plus vrai encore pour l'appréciation d'un art tel que le drame. Car un tableau, une statue ne sont point en guerre avec le temps. Ils n'ont point à tenir compte de sa succession. Il suffit d'un moment pour en apprécier l'unité. Mais pour la littérature, le cas est différent. Il faut parcourir une certaine durée, avant que l'unité d'effet soit perçue.

Aussi dans le drame, le premier acte de la pièce peut présenter quelques détails dont la réelle valeur artistique ne saurait apparaître au spectateur que quand on sera au troisième ou au quatrième.

L'imbécile a-t-il le droit de se fâcher, de se récrier, de troubler la représentation, de tourmenter les acteurs ?

Non.

L'honnête homme attendra en silence, connaîtra les délicieuses émotions de l'étonnement, de la curiosité, de l'attente. Il n'ira pas au théâtre pour perdre patience, cette chose sans valeur. Il ira au théâtre pour voir se déployer un tempérament artistique. Il ira au théâtre pour se donner un tempérament artistique. Il n'est point l'arbitre d'une œuvre d'art. Il est celui qu'on admet à contempler l'œuvre d'art, et qui, si l'œuvre est belle, devra oublier dans la contemplation de celle-ci, l'égotisme dont il est atteint, l'égotisme de son ignorance, ou l'égotisme de son état arriéré.

Cette caractéristique du drame est, je crois, insuffisamment reconnue.

Je puis m'expliquer fort bien que si *Macbeth* était représenté pour la première fois devant une salle de Londoniens modernes, la plus grande partie d'entre eux protesteraient de toute leur force, de toute leur énergie, contre l'introduction des sorcières au premier acte, avec leurs phrases grotesques, leurs mots ridicules. Mais quand la pièce tire à sa fin, l'on comprend que le rire des sorcières dans *Macbeth* est aussi terrible que le rire de la folie dans Le Roi Lear, plus terrible que le rire d'Iago dans la tragédie du Maure.

Aucun spectateur d'art n'a plus besoin d'un plus parfait état de réceptivité que le spectateur d'une pièce. Dès le moment où il prétend exercer de l'autorité, il se fait l'ennemi déclaré de l'Art et de lui-même. L'Art ne s'en soucie guère; c'est l'autre, qui en souffre.

Pour le roman, c'est la même chose.

L'autorité populaire et la soumission à l'autorité populaire sont mortelles.

L'*Esmond* de Thackeray est une belle œuvre d'art, parce qu'il l'a écrite pour son propre plaisir. Dans ses autres romans, dans *Pendennis*, dans *Philippe*, dont *la Foire aux Vanités* même, il regarde un peu trop du côté du public, il gâte son œuvre, en faisant un appel trop direct aux sympathies du public, ou en s'en raillant directement.

Un véritable artiste ne tient aucun compte du public: pour lui le public n'existe pas.

Il n'a point sur lui de gâteaux à l'opium ou au miel pour endormir ou gaver le monstre. Il laisse cela au romancier populaire.

Nous avons actuellement en Angleterre un romancier incomparable, M. George Meredith.

Il y en a de meilleurs en France, mais la France n'en possède point qui ait sur la vie une façon de voir aussi large, aussi variée, aussi vraie dans son caractère créateur.

Il y a en Russie des conteurs d'histoires qui ont un sentiment plus vif de ce que peut être la douleur dans un roman; mais M. Meredith, non seulement ses personnages vivent, mais encore ils vivent dans la pensée. On peut les considérer d'une myriade de points de vue. Ils sont suggestifs. Il y a de l'âme en eux et autour d'eux. Ils sont interprétatifs, symboliques. Et celui qui les a créées, ces figures merveilleuses, au mouvement si rapide, les a créées pour son propre plaisir. Jamais il n'a demandé au public ce que celui-ci désirait. Jamais il ne s'est préoccupé de le savoir. Jamais il n'a admis le public à lui dicter, à lui imposer quoi que ce soit. Il n'a fait que marcher en avant, intensifiant sa propre personnalité, produisant une œuvre qui était son œuvre individuelle.

Dans les débuts, personne ne vint à lui.

Cela n'importait point.

Puis vint à lui le petit nombre.

Cela ne le changea pas.

Maintenant le grand nombre est venu à lui. Il est resté le même.

C'est un romancier incomparable.

Dans les arts décoratifs, il n'en est pas autrement.

Le public se cramponnait, avec une ténacité que je pourrais dire touchante, aux traditions laissées par la grande Exposition de vulgarité internationale, traditions si effrayantes que les maisons où les gens habitaient n'eussent dû avoir pour hôtes que des aveugles.

On se mit à faire de belles choses; de belles couleurs sortirent des mains du teinturier; de beaux dessins sortirent du cerveau de l'artiste. Il se créa une habitude des belles choses; on y attacha la valeur et l'importance qu'elles méritaient.

Le public s'indigna pour tout de bon; il perdit patience. Il dit des sottises. Nul ne s'en soucia. Nul ne s'en trouva plus mal. Nul ne se soumit à l'autorité de l'opinion publique.

Et maintenant on ne peut entrer dans une maison moderne qu'on n'y trouve quelque preuve de docilité au bon goût, quelque preuve du prix qu'on attache au charme du milieu, quelque signe indiquant que la beauté est appréciée. Et réellement, les demeures des gens sont, en règle générale, tout à fait charmantes, de nos jours. Les gens se sont civilisés jusqu'à un très haut degré.

Il n'est toutefois, que trop juste d'ajouter que le succès extraordinaire de la révolution accomplie dans la décoration intérieure, l'ameublement, et le reste, n'a pas dû son origine réelle à un développement du très bon goût dans la majorité du public.

Elle est due principalement à ce fait, que les artisans des choses ont tant apprécié le plaisir de faire ce qui est beau, ont fait apercevoir si crûment la laideur et la vulgarité de ce que voulait le public, qu'ils ont tout simplement réduit le public à l'inanition.

Il serait tout à fait impossible présentement de meubler une pièce, comme on meublait les pièces, il y a peu d'années, à moins d'aller chercher chaque objet, l'un après l'autre, dans les ventes aux enchères parmi des soldes qui proviennent d'hôtels meublés de troisième catégorie. Ces choses-là ne se fabriquent plus.

Malgré tout ce qu'on pourra leur dire, les gens de nos jours ont une chose charmante, ou une autre, dans ce qui les entoure.

Heureusement pour eux, on n'a tenu aucun compte de leur prétention à vouloir faire autorité dans ces choses d'art.

Il est donc évident qu'en de telles matières, toute autorité est mauvaise.

Les gens se demandent parfois quelle forme de gouvernement est la plus avantageuse à l'artiste.

Il n'y a à cette question qu'une réponse:

La forme de gouvernement la plus avantageuse à l'artiste, est l'absence totale de gouvernement.

Il est ridicule qu'une autorité s'exerce sur lui et sur son art.

Il a été affirmé que, sous le despotisme, des artistes ont fait des choses charmantes.

Cela n'est pas tout à fait vrai.

Des artistes ont rendu visite à des despotes, non point pour se soumettre à leur tyrannie mais en créateurs de merveilles ambulants, à titre de personnalités vagabondes et fascinantes, qu'il fallait amuser, charmer, et laisser tranquilles, tout entiers à la liberté de créer.

Ce qu'on peut dire en faveur du despote, c'est qu'étant un individu, il peut avoir de la culture, tandis que la populace, étant un monstre, n'en a point. L'homme, qui est un Empereur ou un Roi, peut se baisser pour ramasser le pinceau d'un peintre, mais quand la démocratie se baisse, ce n'est jamais que pour lancer de la boue. Et pourtant la démocratie n'est pas forcée de se baisser aussi bas que l'Empereur; et même quand elle veut jeter de la boue, elle n'a pas du tout à se baisser. Toutefois il n'est aucunement nécessaire de distinguer entre monarque et populace; toute autorité est également mauvaise.

Il y a trois sortes de despotes.

Il y a le despote qui tyrannise les corps; il y a le despote qui tyrannise les âmes; il y a le despote qui exerce sa tyrannie sur les uns et les autres.

On donne au premier le nom de Prince, au second le nom de Pape, au troisième le nom de Peuple.

Le prince peut être cultivé: beaucoup de Princes l'ont été. Cependant le Prince offre quelque danger. Qu'on se souvienne de Dante dans l'amertume de la fête de Vérone, et du Tasse dans un cabanon de fou à Ferrare.

Il est préférable pour l'artiste de ne point vivre avec le Prince.

Le Pape peut être cultivé. Beaucoup de Papes l'ont été. Les mauvais Papes l'ont été. Les mauvais Papes aimaient la Beauté. Ils y mettaient presque autant de passion, ou plutôt, autant de passion que les bons Papes en montraient dans leur haine de la Pensée. L'humanité doit beaucoup à la scélératesse de la Papauté; la bonté de la Papauté doit un compte terrible à l'humanité.

Néanmoins, bien que la Papauté ait gardé sa rhétorique tonitruante et perdu la baguette conductrice de sa foudre, il vaut mieux que l'artiste ne vive point avec les Papes.

C'est un pape qui dit de Cellini en plein conclave de cardinaux que les lois faites pour tout le monde, l'autorité faite pour tout le monde, n'étaient point faites pour des hommes tels que lui. Mais ce fut un pape qui jeta Cellini en prison, l'y tint jusqu'à ce qu'il devînt malade de rage, si bien qu'il finit par se créer à lui-même des visions imaginaires, qu'il vit le soleil entrer tout doré dans sa chambre, et en devint si amoureux, qu'il voulut s'échapper, qu'il rampa de tour en tour, que l'air de l'aube lui donna le vertige, qu'il tomba, s'estropia, fut couvert de feuilles de vigne par un vigneron, et transporté dans une charrette auprès d'un homme qui, épris de belles choses, eut soin de lui.

Il y a du danger auprès des Papes.

Quant au peuple, que dire de lui, et de son autorité.

On a peut-être assez parlé de lui et de son autorité. Son autorité est chose aveugle, sourde, hideuse, grotesque, tragique, amusante, sérieuse, et obscène.

Il est impossible à l'artiste de vivre avec le peuple.

Tous les despotes vous achètent. Le peuple vous achète et vous abrutit.

Qui lui a parlé d'exercer une autorité ?

Il a été fait pour vivre, pour écouter, pour aimer.

On lui a causé un grand dommage. Le peuple s'est défiguré par l'imitation de ses inférieurs.

Il a arraché le sceptre au prince. Comment le manierait-il ?

Il a pris au Pape sa triple couronne. Comment porterait-il ce fardeau ?

C'est un clown qui a le cœur brisé. C'est un prêtre dont l'âme n'est pas née encore.

Que tous les amants de la Beauté le prennent en pitié. Que le peuple, bien qu'il n'aime pas la beauté, s'apitoie sur lui-même. Qui lui a donc appris les ruses de la tyrannie ?

Il y a bien d'autres choses qu'on pourrait signaler.

On pourrait signaler combien la Renaissance fut grande parce qu'elle n'entreprit de résoudre aucun problème social, mais qu'elle laissa l'individu se développer dans sa liberté, dans sa beauté, dans son naturel, et eut aussi de grands artistes originaux, de grands hommes originaux.

On pourrait faire remarquer que Louis XIV par la création de l'État moderne, détruisit l'individualisme de l'artiste, fit des choses monstrueuses dans leur monotone répétition, méprisables dans leur asservissement à la règle, et fit disparaître dans toute la France ces belles libertés d'expression qui avaient donné à la tradition le charme de la nouveauté, et créé des modes nouveaux, avec des formes antiques.

Mais le passé n'est d'aucune importance; le présent n'est d'aucune importance. C'est avec l'avenir que nous devons compter. Car le passé, c'est ce qu'un homme n'aurait point dû avoir été; le présent, c'est ce que l'homme ne devrait point être. L'avenir, c'est ce que sont les artistes.

On ne manquera pas de dire qu'un plan tel que celui-ci est absolument impraticable et qu'il est en opposition avec la nature humaine.

Cela est parfaitement vrai.

Il est impraticable, et il tend à l'opposé de la nature humaine. C'est pourquoi il vaut la peine d'être mis à exécution, et c'est pourquoi on le propose. Car qu'est-ce qu'un plan praticable ?

Un plan praticable, c'est un plan qui existe déjà ou qui peut être mis à exécution dans des conditions qui existent déjà.

Or, c'est précisément à ces conditions déjà existantes que nous en voulons, et tout plan qui comporterait ces conditions est vicieux, est absurde.

Qu'on le débarrasse des conditions, et la nature humaine changera.

Tout ce qu'on sait de vraiment certain sur la nature humaine, c'est qu'elle change. Le changement est le seul attribut que nous puissions lui attacher.

Les systèmes qui échouent, ce sont les systèmes fondés sur l'immutabilité de la nature humaine, et non sur sa croissance et son développement.

L'erreur de Louis XIV consistait à croire que la nature humaine serait toujours la même. La conséquence de son erreur a été la Révolution française.

Ce résultat était admirable. Rien de plus admirable que les résultats produits par les méprises des gouvernements.

Il est à remarquer, en outre, que l'individualisme ne se présente pas à l'homme avec de geignantes tirades sur le devoir, qui consiste tout simplement en ceci qu'on fait ce que veulent les autres, parce qu'ils ont besoin qu'on le fasse. Il dispense également de tout cet affreux jargon de sacrifice de soi qui n'est en somme qu'un legs des temps de sauvagerie où l'on se mutilait.

En réalité, il se présente à l'homme sans faire valoir aucune légende sur lui. Il sort naturellement, inévitablement de l'homme.

C'est le point vers lequel tend tout développement.

C'est l'état hétérogène auquel aboutit la croissance de tout organisme. C'est la perfection inhérente à tout mode de vie, et vers laquelle tout mode de vie tend d'une vitesse accélérée.

Aussi l'individualisme n'exerce-t-il aucune contrainte sur l'homme. Loin de là, il dit à l'homme qu'il ne doit se laisser imposer aucune contrainte. Il ne s'évertue pas à forcer les gens d'être bons. Il fait que les hommes sont bons quand on leur laisse la paix.

L'homme tirera l'individualisme de lui-même. C'est ainsi que l'homme développe actuellement l'individualisme. Quand on demande si l'individualisme est praticable, c'est comme quand on demande si l'évolution est praticable.

L'évolution est la loi de la vie et il ne s'accomplit d'évolution que dans le sens de l'individualisme.

Lorsque cette tendance ne se manifeste pas, c'est qu'on a affaire à un cas d'arrêt artificiel de développement, à un cas de maladie, à un cas mortel.

L'individualisme sera aussi dépourvu d'égoïsme et d'affection.

On a déjà fait remarquer que l'un des résultats de l'extraordinaire tyrannie qu'exerce l'autorité consiste en ce que les mots sont violemment détournés de leur sens propre et simple, et employés de façon à exprimer le contraire de leur signification naturelle.

Ce qui est vrai pour l'art est vrai pour la vie.

De nos jours, on dit qu'un homme est affecté, quand il s'habille comme il lui plaît, mais c'est justement en agissant ainsi qu'il se montre dans tout son naturel. Sur ces points là, l'affectation consiste à s'habiller conformément à la manière de voir des autres, manière de voir qui a bien des chances d'être tout à fait stupide, étant celle de la majorité.

On dira encore d'un homme qu'il est égoïste, parce qu'il vit à la façon qui lui parait la plus favorable au développement complet de sa personnalité, lorsqu'il donne pour but essentiel à sa vie ce développement. Mais c'est de cette façon-là que tout le monde devrait vivre.

L'égoïsme ne consiste point à vivre comme on le veut, mais à demander que les autres conforment leur genre de vie à celui qu'on veut suivre.

Le défaut d'égoïsme consiste à laisser les autres vivre à leur gré, sans se mêler de leur existence.

L'homme sans égoïsme sera enchanté de voir autour de lui une infinie variété de types. Il s'en accommode. Il ne demande pas mieux. Il y prend plaisir.

Un homme qui ne pense point à soi, ne pense point du tout.

C'est faire preuve d'un grossier égoïsme, d'exiger de votre voisin qu'il pense comme vous, qu'il ait les mêmes opinions. Pourquoi le ferait-il ? S'il pense, il est très probable qu'il pensera autrement que vous. S'il ne pense point, c'est monstrueux d'exiger de lui une pensée quelconque.

Une rose rouge n'est point égoïste parce qu'elle veut être une rose rouge. Elle serait d'un égoïsme horrible, si elle prétendait que toutes les autres fleurs du jardin fussent des roses, et de couleur rouge.

Sous l'individualisme, les gens seront parfaitement naturels, absolument dépourvus d'égoïsme. Ils connaîtront le sens des mots, et ils l'exprimeront dans la liberté et la beauté de leurs existences.

Les hommes ne seront pas non plus égotistes comme de nos jours, car l'égotiste est celui qui prétend avoir des droits sur les autres, l'individualisme ne désirera rien de tel, il n'y saurait trouver aucun plaisir.

Quand l'homme aura compris l'individualisme, il comprendra également la sympathie et l'exercera librement, spontanément.

Jusqu'à présent, l'homme n'a guère cultivé la sympathie. Il n'a de sympathie que pour la douleur, et la sympathie pour la douleur n'est pas la forme la plus élevée de sympathie.

Toute sympathie est un raffinement, mais la sympathie avec la souffrance est le moindre des raffinements.

Elle est troublée d'égotisme. Elle est apte à devenir maladive. Il y entre une certaine dose de terreur au sujet de notre propre sécurité. Nous nous laissons aller à la crainte de devenir pareils au lépreux ou à l'aveugle, et d'être privés de tous soins.

En outre, elle nous rétrécit d'une façon curieuse. On devrait avoir de la sympathie pour la vie dans sa totalité, et non pas seulement pour les fléaux et les maladies de la vie. On devrait en avoir pour la joie, la beauté, l'énergie, la santé, la liberté de la vie.

Naturellement à mesure qu'elle s'élargit, la sympathie devient plus difficile. Elle demande qu'on soit encore moins égoïste.

Chacun peut sympathiser avec les souffrances d'un ami, mais il faut être d'une nature bien pure, en somme d'une nature vraiment individualiste, pour sympathiser avec la fortune d'un ami. Dans la cohue et la lutte entre concurrents pour les places, une telle sympathie est évidemment rare, et en même temps très comprimée par l'idée immorale de l'uniformité typique, de la soumission à la règle, choses si universellement prédominantes, et qui en Angleterre ont acquis le plus d'influence nuisible.

De la sympathie pour la douleur, il est certain qu'il y en aura toujours. C'est là un des premiers instincts de l'homme. Les animaux qui ont de l'individualité, je veux dire les animaux supérieurs, ont ce trait commun avec nous. Mais il est bon de se rappeler que si la sympathie avec la joie augmente la somme de joie qui existe dans le monde, la sympathie avec la douleur ne saurait diminuer la somme de la douleur.

Elle rend l'homme plus capable d'endurer le mal, mais le mal persiste. La sympathie avec la consomption, ne guérit pas la consomption, mais la science la guérit. Et quand le socialisme aura résolu le problème de la pauvreté, que la science aura résolu le problème de la maladie, le domaine des sentimentalistes se rétrécira, et la sympathie de l'homme sera large, saine, spontanée.

On aura de la joie à contempler la vie joyeuse des autres.

Car c'est grâce à la joie que l'individualisme de l'avenir se développera.

Le Christ n'a fait aucune tentative pour reconstruire la société. En conséquence l'individualisme qu'il prêchait à l'homme ne pouvait être réalisé qu'en passant par la douleur ou dans la solitude.

Les idéals, que nous devons au Christ, sont ceux de l'homme qui abandonne entièrement la société, ou de l'homme qui se refuse absolument à la société.

Mais l'homme est sociable par nature. La Thébaïde elle-même finit par se peupler et bien que le cénobite réalise sa personnalité, celle qu'il réalise ainsi est souvent une personnalité appauvrie.

D'autre part, cette vérité terrible, que la douleur est un mode par lequel l'homme peut se réaliser, a exercé sur le monde une extraordinaire fascination.

Des parleurs superficiels, des penseurs superficiels, dans les chaires et à la tribune, déclament sur l'amour du monde pour le plaisir, et geignent contre ce fait. Mais il est rare de trouver dans l'histoire du monde qu'il se soit donné pour idéal la joie et la beauté.

Le culte, qui a le plus dominé le monde, c'est celui de la souffrance.

Le moyen-âge avec ses saints et ses martyrs, son amour de la souffrance cherchée, sa furieuse passion de se faire des blessures, de s'entailler avec des couteaux, de se déchirer à coups de verges, le moyen-âge, c'est le vrai christianisme, et le Christ médiéval, c'est le Christ véritable.

Quand l'aube de la Renaissance parut sur le monde, et qu'elle lui offrit les idéals nouveaux de la beauté dans la vie, et de la joie de vivre, les hommes cessèrent de comprendre le Christ.

L'art lui-même nous le montre.

Les peintres de la Renaissance nous représentent le Christ comme un enfant qui joue avec un autre enfant dans un palais ou un jardin, ou se renversant dans les bras de sa mère pour lui sourire, pour sourire à une fleur, à un brillant oiseau, ou bien encore comme une noble et imposante figure qui parcourt majestueusement le monde, ou comme un personnage surnaturel, qui dans une sorte de cage, surgit de la mort dans la vie.

Même quand ils le peignent crucifié, ils le représentent comme un dieu de beauté auquel de méchants hommes ont infligé la souffrance.

Mais il ne les absorbait pas beaucoup.

Ce qu'ils représentaient avec plaisir, c'étaient les hommes et les femmes qu'ils admiraient. Ils se plaisaient à montrer tout le charme de ce globe enchanteur.

Ils firent beaucoup de tableaux religieux; et même ils en firent beaucoup trop. La monotonie du type et du sujet est chose fatigante; elle nuisit à l'art. Elle était imputable à l'autorité que le public exerçait dans les choses d'art, et on doit la déplorer. Mais ils ne mettaient point leur âme dans le sujet.

Raphaël fut un grand artiste quand il fit le portrait du pape. Lorsqu'il peignait ses Madones et ses Christs enfants, il n'était plus du tout un grand artiste.

Le Christ n'avait rien à dire à la Renaissance.

Elle était merveilleuse parce qu'elle apportait un idéal différent du sien.

Aussi devons-nous recourir à l'art médiéval pour trouver la représentation du véritable Christ.

Il y figure comme un homme mutilé, abîmé de coups, un homme sur lequel les regards n'ont point de plaisir à se porter, parce que la beauté est une joie, un homme qui n'est point vêtu richement, parce que c'est là aussi une joie. C'est un mendiant qui a une âme admirable. C'est un lépreux dont l'âme est divine. Il ne lui faut ni propriété ni santé. C'est un dieu qui atteint à la perfection par la souffrance.

L'évolution de l'homme est lente. L'injustice des hommes est grande. Il était nécessaire que la douleur fût mise au premier rang comme mode de réalisation de soi-même.

De nos jours encore, la mission du Christ est nécessaire.

Personne, dans la Russie Moderne, n'eût pu réaliser sa perfection autrement que par la souffrance. Un petit nombre d'artistes russes se sont individualisés dans l'Art, dans une fiction qui est médiévale par le caractère, parce que la note qui y domine, est le développement des hommes grâce à la souffrance. Mais pour ceux qui ne sont pas des artistes et pour lesquels il n'y a pas d'autre genre de vie que celui de la réalité, la douleur est la seule porte qui s'ouvre vers la perfection.

Un Russe, qui se trouve heureux sous le système actuel de gouvernement qui règne en Russie, doit croire ou bien que l'homme n'a pas d'âme, ou bien que s'il en a une, elle ne vaut pas la peine d'évoluer.

Un nihiliste, qui rejette toute autorité, parce qu'il sait que toute autorité est mauvaise, et qui fait bon accueil à la souffrance, parce que grâce à elle, il réalise sa personnalité, est un véritable chrétien.

Pour lui, l'idéal chrétien est une vérité.

Et pourtant le Christ ne se révolta point contre les autorités.

Il reconnaissait l'autorité de l'empereur dans l'Empire Romain, et lui payait tribut. Il supportait l'autorité spirituelle de l'Église juive, et se refusait à repousser la violence par la violence.

Comme je l'ai dit plus haut, il n'avait aucun plan pour la reconstruction de la société.

Mais le monde moderne a des plans.

Il compte en finir avec la pauvreté et les souffrances qu'elle amène. Il espère en finir avec la douleur, et les maux qu'amène la douleur. Il s'en rapporte au socialisme et à la science; il compte sur leurs méthodes.

Le but auquel il tend, c'est un individualisme s'exprimant par la joie. Cet individualisme sera plus large, plus complet, plus attrayant que ne l'aura jamais été aucun individualisme.

La douleur n'est point le but ultime de la perfection. Ce n'est qu'une chose provisoire, une protestation. Elle ne vise que des milieux mauvais, insalubres, injustes.

Quand le mal, la maladie, l'injustice auront été écartés, elle cessera d'avoir une place. Elle aura accompli sa tâche.

Ce fut une tâche considérable. Mais elle est presque entièrement achevée, et sa sphère diminue de jour en jour.

Et l'homme ne manquera pas de s'en apercevoir.

En effet, ce qu'a cherché l'homme, c'est non pas la souffrance, ni le plaisir, c'est simplement la vie.

L'homme s'est efforcé de vivre d'une manière intense, complète, parfaite. Quand il pourra le faire sans imposer de contrainte à autrui, sans jamais en subir, quand toutes ses facultés actives lui seront d'un exercice agréable, il sera plus sain, plus vigoureux, plus civilisé, plus lui-même. Le plaisir est la pierre de touche de la nature, son signe d'approbation. Lorsque l'homme est heureux, il est en harmonie avec lui-même et avec ce qui l'entoure.

Le nouvel individualisme, auquel travaille, qu'il le veuille ou non, le socialisme, sera l'harmonie parfaite.

Il sera ce que les Grecs ont poursuivi, mais n'ont pu atteindre que dans le domaine de la pensée, parce qu'ils avaient des esclaves et les nourrissaient.

Il sera ce que la Renaissance a cherché, mais n'a pu réaliser complètement que dans l'art, parce qu'on y avait des esclaves et qu'on les laissait mourir de faim.

Il sera complet, et par lui, tout l'homme arrivera à sa perfection.

Le nouvel Individualisme est le nouvel Hellénisme.

FIN

www.ingramcontent.com/pod-product-compliance
Lightning Source LLC
Chambersburg PA
CBHW060625030426
42337CB00018B/3203